Si on en parlait…

Jacques Salomé

Si on en parlait…

Trouver une issue à la violence conjugale

Illustrations de Jean Augagneur

jouvence
EDITIONS

Du même auteur aux Éditions Jouvence

« Je mourrai avec mes blessures », 2002
Découvrir la communication relationnelle dès l'enfance,
avec Kathleen Geerlandt, 2002
Les mémoires de l'oubli, avec Sylvie Galland, 1989
Apprivoiser la tendresse, 1988

Extraits du catalogue Jouvence

S'ouvrir à l'amour et au bonheur, Don Miguel Ruiz, 2003
Inconscient, mon ami, Jean-Dominique Larmet, 2003
Apprendre à pardonner, Chantal Calatayud, 2003
Chaman aujourd'hui, Serge Kahili King, 2003
Osez vous affirmer, Marie-France Muller, 2003
Cultiver le bonheur au fil des ans, Francis Léonard, 2003
La guérison par l'écriture, Jean-Yves Revault, 2003
La balance émotionnelle, Mireille Rosselet-Capt, 2003
Déverrouiller ses blocages, Marie-France Muller, 2002
L'écoute, David Feldman & Jean-Paul Pes, 2002
La colère, cette émotion mal-aimée, C. & S. Vidal-Graf, 2002
La roue des relations, Arlo Wally Minto, 2001
Oser être soi, Eva Arkady, 1997
Vivre son deuil et croître, R. Poletti & B. Dobbs, 1993

Catalogue gratuit sur simple demande.
ÉDITIONS JOUVENCE
France : BP 7 – 74161 Saint Julien-en-Genevois Cedex
Suisse : CP 184 – 1233 Genève-Bernex
Site internet : **www.editions-jouvence.com**
E-mail : info@editions-jouvence.com

ISBN 2-88353-356-3

Mise en pages : Éditions Jouvence
Dessin de couverture : Jean Augagneur

Sommaire

Note de l'éditeur :

Tout au long de son livre, Jacques Salomé utilise les abréviations suivantes :

AVC : acteur de violences conjugales ;

VVC : victime de violences conjugales.

Portrait succinct de la violence

LA VIOLENCE EST UN FLÉAU UNIVERSEL, elle circule partout, plus ou moins voilée, dans les familles, à l'école, dans la rue, au travail et dans certains pays de façon massive et terrifiante, dans toutes les strates de l'existence. Elle peut circuler de façon visible, individuelle ou collectivement organisée ou de façon plus subtile, invisible, souterraine, plus intime et improvisée, mais c'est toujours au détriment de l'équilibre, de l'adaptation, de l'insertion, de la sécurité, de la santé et du bien-être des enfants et des ex-enfants que sont les adultes.

Dans le monde, la violence figure parmi les principales causes de décès de 15 à 44 ans.

Comme elle semble aujourd'hui plus omniprésente, du fait de la circulation en temps réel de l'information, elle apparaît à beaucoup comme inévitable, inéluctable à la condition humaine. Pendant longtemps les réponses des individus à la violence furent du même ordre (œil pour œil, dent pour dent, loi du plus fort), celles de la société furent de la sanctionner, d'en limiter les débordements, de tenter de la prévenir.

On en a perçu les conséquences, on en a recherché les causes, on a analysé les conditions favorisantes, mais il me semble qu'il y a eu un grand silence et peu de moyens mis en œuvre pour mieux saisir l'origine de la violence humaine, comprendre sa source.

Nous pressentons bien que les manifestations de la violence qui s'expriment, se ramifient à des sources multiples comme l'éducation, la morale, les idéologies, les croyances religieuses et culturelles.

Les résistances sont fortes car chacun d'entre nous, y compris celui qui s'abrite sous le parapluie de la non-violence, est concerné, interpellé dans toutes ses relations.

L'Organisation mondiale de la Santé a donné en 1996 une définition de la violence, comme étant « l'usage délibéré ou la menace de l'usage délibéré de la force physique ou de la puissance, contre soi-même, contre une autre personne ou contre un groupe ou communauté, qui entraîne un risque fort d'entraîner un traumatisme, un décès, un dommage moral, un mal développement ou une carence ».

Je voudrais étendre cette définition aux comportements, attitudes, paroles, gestes non intentionnellement malveillants, mais qui par leur impact à un moment donné de l'histoire, du développement, de la vulnérabilité particulière d'une personne vont faire des dégâts redoutables et porter atteinte à l'équilibre intime de cette personne.

L'OMS a défini trois grandes catégories de violences :

❑ **Violences dirigées contre soi-même** : comportements suicidaires, sévices envers son corps et automutilations. Cela peut rester de l'ordre de l'intention (tentatives de suicide) ou se concrétiser par des passages à l'acte débouchant sur la perte de la vie.

❑ **Violences interpersonnelles** qui peuvent se diviser en deux groupes.

- ✓ violences conjugales ou familiales, qui touchent à la maltraitance des enfants, du partenaire ou conjoint (et principalement les femmes) ou les proches, les personnes âgées.

✓ violences communautaires, dans le monde du travail ou la vie sociale, violences entre des individus sans liens de parenté. Il s'agit de la violence des jeunes (sur les biens et les personnes), des actes de violence aveugle, du viol, des agressions sexuelles par des inconnus, de la violence en milieu institutionnel (parfois appelée « harcèlement moral » ou « terrorisme relationnel »).

❑ **Violences collectives** qui peuvent prendre différentes formes, à partir d'enjeux politiques, économiques, religieux ou sociaux. Cela va du conflit armé entre états, aux luttes intestines et fratricides à l'intérieur d'un même pays (génocide, répression culturelle ou ethnique, actes de terrorisme et criminalité organisée, mais aussi violation des droits fondamentaux des personnes).

Il conviendrait également d'ajouter les violences écologiques qui portent atteinte à la vie et à l'équilibre de la planète, ainsi qu'a notre relation au cosmos. Il y a aussi les violences plus récentes à ce qu'il serait possible d'appeler « violences contre la vivance de la vie » : je pense aux manipulations génétiques qui sont entreprises sous la pression des grands groupes pharmaceutiques.

L'OMS se sert du modèle écologique pour comprendre le phénomène de la violence.

Pour tenter de montrer l'extrême complexité et l'interaction de nombreux facteurs biologiques, sociaux, culturels, économiques, politiques qui participent à son surgissement.

Ce modèle de compréhension part de l'individu pour aller au sociétal, en passant par la dimension relationnelle et communautaire.

Dans cet ouvrage, je parlerai essentiellement de la violence qui surgit dans l'intimité d'un couple. De cette violence parfois terrible qui se joue, qui se vit entre deux êtres qui se sont aimés, qui s'aiment encore, qui ont eu des enfants ensemble, qui ont fait des rêves de vie en se projetant dans la durée, qui ont imaginé de pouvoir vieillir ensemble et qui vivent un enfer au quotidien et cela durant des années.

Enfer alimenté par des composantes pathologiques : il s'agit là de pathologies « relatives » ou « normales » dans le sens où elles affectent des personnes qui sont en général bien insérées dans leur milieu, mais qui restent sensibles à des mouvements récurrents qui les agitent et conditionnent l'essentiel de leurs comportements autour de sentiments de persécution, de jalousie, de la méfiance et du besoin de contrôler l'autre, des conflits de pouvoir (qui aura raison sur l'autre ?), par des rapports de force permanents (qui imposera son désir à l'autre, qui mettra l'autre au service de ses attentes ou de sa folie ?), par des demandes impossibles (auxquelles l'autre tente de se soumettre et de répondre en ayant toujours le sentiment qu'il n'en fait pas assez)...

La violence conjugale comme je vais tenter de le montrer a plusieurs visages – le plus connu, celui qui fait l'objet des faits divers à la télévision ou dans les journaux concerne la violence physique qui blesse, meurtrit, tue, (comme nous avons pu le voir récemment, durant l'été 2003, dans un couple célèbre).

Mais il y a aussi la violence morale à base de chantages, de manipulation des émotions, de pressions psychologiques qui joue sur les peurs, les angoisses de l'autre (« Je t'enlève les enfants, si tu... »), d'imposition de croyances religieuses. Il y aussi la violence affective qui impose la présence d'un tiers (boisson, drogue ou personne) dans un couple, du poids des relations extérieures, où l'un des partenaires est obligé de supporter des cohabitations (« Moi je ne peux pas vivre sans ma mère, donc tu dois l'accepter chez nous, même si tu ne t'entends pas avec elle, c'est comme ça, un point c'est tout ! »).

Violences relationnelles comme celles du désir ou d'exigences physiques atypiques, de certaines croyances (autour de la nourriture, de la vêture, des choix de vie) imposées à l'autre et qui le privent de son autonomie, du respect de soi, de sa propre confiance en ses ressources.

Les violences interpersonnelles ont des origines multiples qui s'inscrivent dans la difficulté à renoncer à l'illusion de la toute-puissance infantile propre au tout petit enfant, et qui se poursuivent dans des jeux de pouvoir (qui va influencer qui ?), des rapports de force (qui va soumettre qui ?), des perversités banales ou plus graves (qui tire le plus de plaisir au désarroi, à l'humiliation, à la souffrance de l'autre ?).

Je vais tenter de poser quelques jalons pour mieux entendre ce qui se passe chez l'un (victime d'actes de violences) et chez l'autre (auteur d'actes de violences).

J.A.

Propositions concrètes pour mieux saisir quelques enjeux autour de la violence conjugale, pour y faire face et pour, éventuellement, tenter… d'en sortir

DANS CE DOCUMENT, nous appellerons « violence conjugale » tout acte, tout comportement, toute attitude, toute parole qui sera déposée contre son gré ou imposée par l'un des partenaires à son compagnon de vie et qui aura pour conséquence de le déstabiliser, de l'humilier, de le meurtrir ou de le blesser dans l'un ou l'autre des registres suivants : physique, sexuel, économique, psychologique ou moral.

Cette définition ne tient pas compte de l'intentionnalité consciente ou inconsciente de celui qui s'impose ainsi. Elle se réfère essentiellement au vécu de celui (celle) sur lequel (laquelle) s'exercent les paroles, les actes, les comportements sans son consentement. Quand dans son for intérieur, sa subjectivité à vif, cette personne ne se sent pas respectée par rapport à ses propres désirs, ses besoins profonds, ses propres choix de vie.

Quelques balises pour mieux entendre comment fonctionne la dynamique d'une violence conjugale

Avant d'être conjugale, une violence sévit, depuis bien longtemps à l'intérieur de celui qui va l'exprimer, la déverser sur l'autre de façon occasionnelle, circonstancielle ou répétitive. Elle est inscrite dans son histoire de façon manifeste ou plus subtile. Elle peut ne pas être reconnue comme telle par celui qui l'a peut-être déjà subie à un moment de sa vie et qu'il peut avoir oubliée, refoulée ou rejetée au plus profond de ses souvenirs.

Même si elle se focalise à un moment donné sur tel partenaire et s'inscrit dans une relation singulière avec telle femme (ou tel homme), la violence a toujours un long passé et des racines profondes aux ramifications imprévisibles.

Gardons-nous d'oublier que toute violence conjugale devient souvent une violence familiale, et qu'elle participe ainsi activement à la maltraitance des enfants. Si elle met en cause, le plus souvent, une relation à base d'emprise, de l'homme sur la femme (et quelque fois de la femme sur l'homme), elle implique fortement les enfants présents. Elle secrète angoisse, insécurité, conflits de fidélité chez les enfants qui se sentent obligés de se positionner pour l'un ou l'autre de leurs parents, en s'identifiant soit à celui ou à celle qui bat, soit à celui ou à celle qui est battu(e).

Toute violence est un recours, elle signe d'une certaine façon une impuissance. Elle est paradoxalement un langage second, un langage dévoyé, parce qu'il n'y a pas de mots pour dire, pour tenter d'exprimer une problématique qui vient de loin, qui prend ses sources dans l'enfance, dans l'histoire de celui qui a choisi tel ou telle partenaire (et dans ce domaine, il n'y a pas de hasard), sur laquelle il peut la défouler, la développer ou l'exercer parfois sans limite.

L'élément déclencheur d'une violence conjugale n'est jamais la cause de cette violence, il n'est qu'une étincelle qui va mettre le feu à une poudre depuis longtemps accumulée, engrangée dans l'histoire de celui qui a besoin de s'en libérer. S'en attribuer la responsabilité, ce sera en quelque sorte collaborer à cette violence.

Quelles sont les conditions qui doivent être « présentes » à toute situation de violence conjugale ?

Pour exister et durer la violence conjugale suppose plusieurs conditions qui doivent nécessairement être réunies.

✓ **Un porteur de violence :** celui (celle) qui ne peut que la sortir de lui (d'elle), l'expulser, la décharger, dans un agir (passage à l'acte) contraignant. Celui (celle) qui ne se contente pas de la déposer sur l'autre comme une libération, un soulagement, mais qui va l'entretenir en lui sur un mode répétitif, la nourrir de rancœurs, d'accusations, de justifications. Je l'appellerais dans le texte AVC (auteur de violences conjugales).

✓ **Un récepteur de violence :** celui (celle) qui, avec des enjeux non clarifiés, accepte de rester dans une relation dans laquelle il (elle) ne se respecte pas. Une relation au quotidien qui va mobiliser beaucoup de ses énergies et qui, le plus souvent, lui porte un préjudice (moral, physique, psychologique, financier…) réel, parfois très important, mais qui ne peut s'empêcher de la mettre en œuvre, de la répandre. Je l'appellerais dans le texte VVC (victime de violences conjugales)

✓ **Un élément déclencheur de la violence :** celle-ci surgissant le plus souvent à partir d'une situation banale de la vie relationnelle du couple. À ce niveau, tous les prétextes sont valables et peuvent servir de détonateurs à l'impatience de la violence qui ne demande qu'à se libérer. La violence conjugale pour s'exprimer fait feu de tout bois, elle ne s'embarrasse pas de contradictions, de promesses ou d'amour, elle prend le dessus sur tout autre considération intime ou sociale. Elle abolit toute sensibilité, annule principes moraux ou religieux et maltraite toutes les valeurs. Elle se justifie avec une mauvaise foi et une véhémence très structurées, se régénère à sa propre explosion.

✓ **Une collaboration aveugle ou implicite de l'entourage :** celui-ci peut adopter deux stratégies qui se révèlent le plus souvent « collaborantes » sinon complices. Soit en se posant en aidant de l'un ou de l'autre des partenaires, soit en sauveur du couple. Il s'agit souvent de proches, de parents, qui se veulent objectifs, qui tentent d'expliquer, de justifier, de « faire comprendre » (le comportement du violent) ou d'en minimiser, d'en banaliser les conséquences. Ce qui donnera souvent à celle (une femme le plus souvent) qui est violentée le sentiment d'une incompréhension totale, d'une solitude sans issue, l'impression de ne pouvoir compter sur aucun secours extérieur, le sentiment d'être folle, honteuse ou même de se sentir responsable de ce qui lui arrive.

– 1 –
Le porteur de violence en situation conjugale

Les statistiques nous indiquent que 95 % des auteurs de violences conjugales déclarées sont des hommes. Je prends soin de parler de violences « déclarées », qui sont la partie visible d'un immense continent immergé dans le silence et le non-dit, qu'il serait possible d'appeler « le monde de la violence intime » ou « l'univers du terrorisme universel ».

Quelques études, s'appuyant sur la biologie et la physiologie, prétendent donner de l'importance au taux d'androgènes, en rappelant qu'il s'agit des hormones de l'agressivité et du désir et qu'elles sont fabriquées en plus grande quantité chez l'homme… et sont moins présentes chez les femmes, ceci expliquant cela…

D'autres études tentent de mettre en évidence que les femmes ont des particularismes spécifiques : masochisme, composantes hystéroïdes, etc. Cela justifiant ceci.

Nous attachons pour notre part une importance très relative à ces données, surtout quand elles cherchent à entretenir (et à justifier) des tentatives de pseudo-compréhension (et parfois de complaisance) sur les origines de la violence conjugale.

Différentes recherches, dans le domaine des relations humaines, semblent indiquer que les messages envoyés par les personnes significatives de l'entourage proche d'un enfant, messages qui sont porteurs de vie et qui vont par la suite structurer la relation au monde d'un enfant, sont très différents pour les filles et les garçons. J'appelle pour ma « part biberon relationnel », l'ensemble des messages qui vont nourrir un enfant à l'occasion des différents actes de la vie domestique : repas, toilette, apprentissage de la propreté, jeux, câlins… et qui vont constituer une empreinte importante, essentielle pour l'avenir de ses relations aux autres. Ces messages ne sont pas de même nature, quand ils sont énoncés par une mère en direction de sa fille (qui seraient plus disqualificatifs et plus centrés sur des sentiments à caractères négatifs ou positifs) que ceux d'une mère en direction de son fils (qui seraient plus laxistes, plus tournés vers le désir et la valorisation). Ainsi, une fille et un garçon ne reçoivent pas les mêmes encouragements, les mêmes soutiens, les mêmes moyens pour se positionner, s'affirmer, s'affronter au monde.

Par ailleurs, il est fréquent que quelqu'un qui est pris dans une dépendance affective (vis-à-vis de sa mère par exemple) ou une addiction (alcool, drogue…) tente de mettre un proche sous sa propre dépendance (obligation de se soumettre en utilisant tous les moyens physiques ou relationnels qu'il a à sa disposition), seule façon peut-être pour lui de survivre.

Ma position sera une invitation ouverte, proposée à l'AVC (auteur de violences conjugales) de chercher à reconnaître et à prendre la responsabilité de ses actes, sans se protéger ou se défausser en recourant à des justifications (ou des alibis) liés aux comportements ou aux attitudes de l'autre. Cela veut dire prendre le risque d'entreprendre un travail de réflexion, d'investigation, d'archéologie familiale sur lui-même, sur son histoire et sur son implication dans l'interaction violente qui le lie à sa partenaire. Ceci afin de favoriser, outre une meilleure conscientisation sur ce qui se passe dans l'ici et maintenant d'une situation donnée, une recherche sur l'origine des blessures (parfois issues de violences physiques qu'il aurait lui-même reçues), des traumatismes (disqualifications, rejets, humiliations) parfois très anciens qui se sont inscrits dans sa propre enfance.

Le comportement violent nous semble être un langage qui s'exprime sur un mode ambivalent (le plus souvent paradoxal), pour tenter à la fois *d'exprimer et de cacher ou de nier* (au travers d'un comportement répétitif, d'un passage à l'acte violent sur un proche) cette blessure

ancienne, mais toujours présente ou ce traumatisme intime qui taraude encore un ex-enfant.

Le comportement violent de l'AVC peut être entendu comme un langage (ce qui ne le justifie en aucune façon). Le langage du désarroi, de l'impuissance à affronter en soi les contradictions et les ambivalences qui sont l'équivalent de véritables cataclysmes à l'intérieur qui s'agitent, se télescopent ou se nourrissent d'un désespoir sans fin. Ce langage archaïque se manifeste par une conduite atypique focalisée sur une VVC (victime de violences conjugales), conduite susceptible de porter préjudice à l'intégrité physique, psychologique, relationnelle de l'autre qui est vue comme responsable du réveil de la blessure ancienne ou du traumatisme, voire d'en être la cause. Il y a en général sur cette personne la focalisation aiguë d'une responsabilité qui ne lui appartient pas, mais que rien ne détourne.

En s'aidant du schéma suivant, nous pouvons voir comment il serait possible pour l'AVC de remonter à la source de ses comportements.

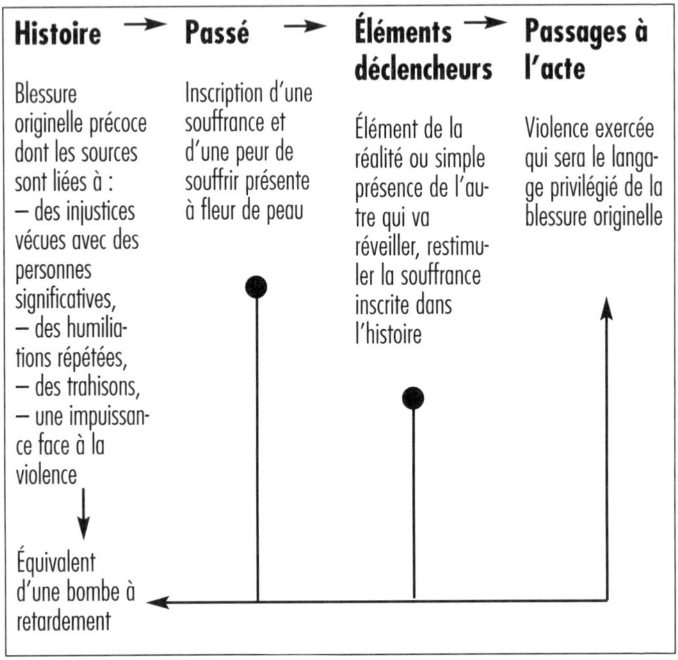

Quelle que soit la situation de départ, la parole, le geste ou l'attitude qui va provoquer le déclenchement de la violence, l'AVC va la présenter, la détourner et l'utiliser à son profit, validant son comportement violent comme inévitable, sinon tout à fait adapté à la situation.

Tout se passe comme s'il y avait chez lui un besoin d'exploser, pour ne pas imploser et surtout pour ne pas s'effondrer, pour ne pas rencontrer ses angoisses ou ses terreurs. Pour ne pas être renvoyé aux émois, aux affects de la situation première, celle où il se sentait démuni, impuissant. Dans la situation contemporaine, actuelle, il va au contraire être dominant, « contrôlant », tout-puissant. En ce sens, paradoxalement, sa propre violence le protège et remplit une fonction de garde-fou contre l'irruption d'un désarroi, d'une désorganisation interne qui l'ébranlerait trop fortement, qui le remettrait dans la situation première de son enfance, de son histoire.

Le plus souvent l'AVC est un expert en transfert de responsabilité. Le mécanisme mis en place, qui fonctionne sur un mode automatique, vise à rendre l'autre coupable ou responsable, pour ne pas soi-même se sentir coupable ou responsable, ce qui serait intolérable et inacceptable pour son propre équilibre interne. Il y a là tous les éléments d'un champ de forces qui doivent s'équilibrer périlleusement, s'ajuster, s'emboîter quasi automatiquement, tels les morceaux d'un puzzle qui a souvent servi.

Il y a là tous les éléments d'un champ de forces qui doivent s'équilibrer périlleusement, s'ajuster, s'emboîter quasi automatiquement, tels les morceaux d'un puzzle…

– 2 –
Le récepteur de la violence

De même qu'un enseignant pédophile va repérer en début d'année scolaire, dès les premières heures du premier jour de classe, les deux ou trois garçons ou petites filles à qui il va faire des propositions par la suite, de même le porteur de violence reconnaît, quasi instantanément, lors d'une première rencontre celle sur laquelle il va pouvoir déposer sa violence et dont il va avoir besoin à demeure. Tout se passe comme si un ensemble de signaux invisibles circulaient, se reconnaissaient, s'apprivoisaient pour ne plus se lâcher.

L'AVC n'épouse pas n'importe qui. Il fera sa demande en direction d'un récepteur potentiellement stimulant ou réceptif à son agressivité. L'approche et l'apprivoisement amoureux seront marqués par des phases d'inquiétudes ou d'angoisse à l'idée que l'autre peut encore se détacher de lui, le quitter. Phases de doutes qui se traduiront au début de la relation amoureuse par des manifestations parfois excessives d'amour, de marque d'attention. Celui-là fera beaucoup d'invitations, de cadeaux, marquera beaucoup de prévenances. Ce qui, au début, surprendra l'intéressée et, en même temps, entretiendra chez elle une fixation, qui lui fera espérer, par la suite, même aux pires moments de la violence, le retour à cette période paradisiaque où son partenaire l'assurait de son amour et de toute sa tendresse.

Il sera intéressant de retrouver, qui des deux partenaires, a fait la demande en premier, qui a posé le premier pas en vue du mariage ou qui a évoqué ou suggéré en premier la possibilité d'une vie en commun ! Intéressant aussi de réfléchir et de mettre en évidence les attentes de l'un et de l'autre… sur l'autre à ce moment-là, pour mieux comprendre comment un système relationnel invivable (et pour l'un et pour l'autre) s'est mis en place et va perdurer, car il recherchera des preuves, des confirmations dans le vécu de cette première période !

Car le récepteur de violence (VVC) envoie, même s'il s'en défend, le plus souvent malgré lui, des signaux-appels ou des stimulations qui vont donner sinon le feu vert, du moins une impulsion au porteur de violence. Il ne s'agit pas ici de cautionner un lieu commun souvent entendu :

« Si elle l'a épousé, c'est qu'elle l'a bien cherché, si elle reste avec lui, c'est qu'elle doit aimer ça ! »

Il s'agit encore moins de mettre en accusation, de façon directe ou indirecte, celle qui sera violentée, en lui laissant croire qu'elle est « quand même » responsable de ce qui se passe entre elle et son partenaire. Il s'agit de manifestations plus subtiles, plus profondes, enracinées dans son histoire affective, vraisemblablement dans la dynamique de sa relation au père.

Le réseau des racines sur lequel se greffe l'interdépendance entre l'AVC et la VVC est extrêmement complexe, il faudrait retrouver dans l'histoire de chacun à quelles loyautés, fidélités invisibles, à quelles fidélités tenaces, à quelles missions de réparation l'un et l'autre obéissent.

Les signaux qui vont déclencher, stimuler la violence sont multiples, ils ne sont pas toujours verbaux et visibles. Comme ils sont le plus souvent de nature inconsciente, il serait vain de tenter de les répertorier ou encore de les censurer, de le nier ou de vouloir les contrôler, car ils relèvent des conflits intrapersonnels profonds de celle qui en est l'émettrice.

Nous pouvons observer, que, quel que soit le mode utilisé : passif ou actif, direct ou indirect, ces signaux sont enregistrés à la vitesse de l'éclair par le porteur de violence et vont devenir de véritables *stimuli* pour alimenter les éléments déclencheurs de sa violence.

Il conviendrait de rester attentif à la première manifestation de violence qui a surgi dans le couple. À quel moment s'est amorcé le système, quel prétexte au départ, quelle manifestation ouverte ou voilée, quels enchaînements et développements ont suivis ?

Le comportement adopté à la suite de la première violence va donner le ton à tout ce qui arrivera par la suite, c'est un véritable échantillon de laboratoire qui contient potentiellement toutes les souffrances à venir. C'est pour cela que la responsabilité du récepteur est souvent mise en cause, comme si on lui reprochait de n'avoir pas été assez attentif à ce qu'il a laissé passer, faire ou subir.

En effet, s'il ne se définit pas tout de suite clairement et, au besoin, en prenant de la distance ou en mettant fin à la relation dès la première manifestation de violence, le porteur de violence n'ayant aucune balise extérieure, va s'engouffrer dans cet espace d'autorisation implicite et le nourrir de tout un imaginaire. Dans le cas contraire, si la réceptrice de la violence se positionne fermement, sans laisser croire qu'une telle relation est possible, elle peut désamorcer son partenaire qui éventuellement renoncera à la relation pour chercher quelqu'un de plus accessible à ses... besoins !

Il semble d'ailleurs que c'est bien cette anticipation de rupture, de perte pressentie, cette peur que l'AVC renonce à la relation, qui va faire que la VVC va paradoxalement rester dans la relation, en essayant dans un premier temps de comprendre, de pardonner ou d'imaginer que c'est de sa responsabilité, que c'est à elle de changer pour ne plus provoquer les manifestations qu'elle redoute... chez l'autre. Parfois même, très tôt, elle va se donner la mission de comprendre, de soigner, de faire changer. Dans une sorte d'engagement aveugle vis-à-vis

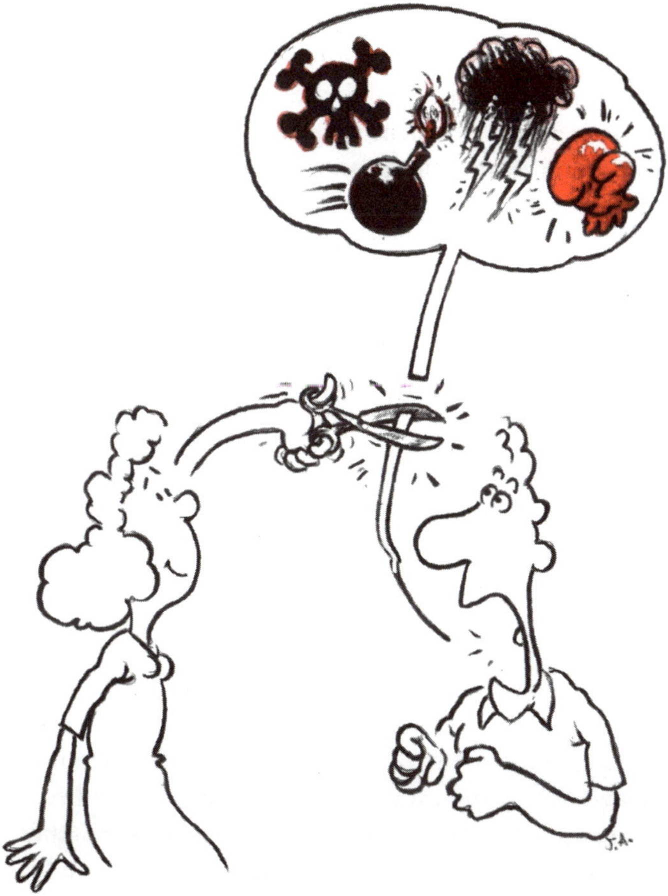

Si la VVC se positionne fermement, sans laisser croire qu'une telle relation est possible, elle peut désamorcer son partenaire qui éventuellement renoncera…

d'elle-même, engagement auquel il lui sera difficile de renoncer. Elle ne sait pas que le scénario est amorcé, mis en place depuis bien longtemps, bien avant la rencontre et qu'il va, le plus fréquemment, se dérouler de façon quasi automatique, avec les mêmes séquences, les mêmes leurres ou attentes voués à l'échec et cela quoiqu'elle fasse, quoiqu'elle imagine, souhaite ou espère de l'autre.

Mais retenons surtout que tout cela se passe quasi à l'insu des intéressés – c'est ce qui expliquera l'échec des tentatives de prise de conscience stimulées par les amis et certains proches.

– 3 –
L'élément déclencheur

Les situations déclenchantes sont innombrables, le porteur de violence peut tout utiliser, pour trouver un prétexte à exploser, à libérer sa violence, car elle l'oppresse, le taraude et le pousse à l'exprimer, à l'extérioriser. Il est lui-même victime de ce mécanisme interne, de cette poussée contraignante qui provient des expériences traumatiques (précoces le plus souvent) dans sa propre histoire et enfouies dans la mémoire de ses oublis.

Le prétexte peut être d'ordre imaginaire, fantasmé ou réel, puisé dans l'immense réservoir des situations banales de la vie quotidienne d'un couple. Une attente déçue, un retard, un regard ou une marque d'attention à un autre… tout est utilisable. Un mot, un geste, une intention de s'opposer, d'exprimer un point de vue différent, une manifestation minime d'irritation ou de déception, tout est support à réveiller la violence qui source à l'intérieur de l'autre. Cela peut aller du reproche de ne pas avoir entendu une demande, d'avoir oublié quelque chose, d'avoir osé émettre un désir, un avis différent, d'avoir évoqué un manque chez l'AVC, une opinion personnelle sur sa façon d'être ou de faire... jusqu'au soupçon (devenu certitude) d'avoir «fait » dans son dos, de l'avoir trompé, d'avoir une autre relation.

« Un jour, un dimanche après-midi, après un coup de téléphone erroné, le soupçon a fait irruption dans notre vie. Depuis ce jour tout était ramené à cela, rien n'était plus fiable, quoique je fasse, dise cela alimentait un immense réservoir de méfiance chez lui... »

Le seuil de frustration, la pression interne, les fantasmes chez l'AVC et chez la VVC, des gestes, des conduites inductives, une soumission pour ne pas envenimer la situation ou au contraire de la révolte, un désir d'un changement, une aide proposée, l'invitation à se faire suivre psychologiquement, des événements extérieurs (visite, invitation) peuvent être autant d'éléments pouvant susciter l'explosion de la violence et transformer une soirée en enfer.

Il est vain de penser qu'on puisse anticiper, contrôler ou éviter l'apparition de l'un ou l'autre de ces éléments déclencheurs. L'AVC déjouera toutes les manœuvres qu'il percevra en ce sens et même s'en servira pour justifier ses gestes, ses comportements et ses attitudes violentes et également pour se rehausser. Car l'AVC souffre le plus souvent d'une profonde mésestime de lui, en dépit des apparences, c'est pour cela qu'il veut avoir toujours raison, le dernier mot comme il dit. Dans certains couples, il y a aussi comme un jeu de miroir, la VVC souffrant d'une mésestime d'elle-même, doutant de ses propres capacités à satisfaire l'autre, à le combler, va « en faire trop » pour l'autre, sans comprendre qu'elle alimente méfiance, doute et suspicion chez son partenaire. *« Si elle fait autant pour moi, c'est qu'elle a quelque chose à se reprocher, sinon elle ne ferait pas tout cela ! »*

Il y a donc un fonctionnement en miroir, mais avec des conséquences opposées. Chez l'un la non-confiance s'évacuant par la violence, chez l'autre par un redoublement de tentatives de compréhension, d'ajustements et, ce faisant, de collaboration implicite à un système qui s'auto-alimente ainsi, en circuit fermé.

– 4 –
Une intimité protectrice et piégeante

L'AVC s'arrange le plus souvent pour exercer ses violences en dehors de témoins. Il peut d'ailleurs se présenter aux yeux des personnes extérieures, comme quelqu'un d'affable, de prévenant, de sociable, de serviable et quelque peu hyperprotecteur (autres façades de la possessivité, du besoin de contrôles exercé sur sa partenaire).

C'est ainsi que la maison, le foyer deviennent des lieux de torture, dont la seule approche au retour du travail déclenche angoisse, troubles et somatisations diverses.

L'AVC est habile à construire un environnement qui isole l'autre, à créer une intimité intouchable qui marginalise même les proches. Il aura éloigné la famille, provoqué des ruptures avec les amis, réduites à minima les connaissances et occasions de rencontres sociales, bref il aura isolé sa partenaire pour mieux la dominer et exercer pouvoir et violence, sans le regard et le jugement d'autrui. Souvent l'AVC est un redoutable manipulateur, distillant des informations erronées, laissant échapper des phrases à double sens, écrivant au nom de son conjoint.

« J'ai découvert un jour qu'il avait écrit à mon psychanalyste, lui disant que j'étais tombé amoureuse de lui et que dans ces conditions je ne pouvais poursuivre ma démarche, qu'il trouvait malsain cette situation et qu'il allait avertir la société de Psychanalyse… »

« Je fréquentais une salle de musculation et de mise en forme, et j'ai vu arriver chez moi un ensemble d'appareils, qu'il installa dans le garage, me disant que cela me ferait gagner du temps, si je faisais directement mes exercices ici… »

« Il m'informa qu'il ne pouvait se permettre d'avoir deux voitures, qu'il avait vendu la mienne, que je pouvais emprunter la sienne, mais qu'il n'y tenait pas vraiment… »

« Nous partions en vacances dans des coins perdus – j'adore la solitude et le silence – me disait-il, ce qui ne l'empêchait pas de hurler, le soir quand je n'avais pas envie de faire l'amour avec lui ! »

« Un soir, il m'annonça qu'il avait fait de mauvaises affaires, qu'il avait besoin de mon aide, sans préciser pour autant en quoi elle pouvait consister. Quelques semaines après je découvrais que tous mes bijoux avaient disparu. Il joua de l'étonnement et exprima une indignation si sincère que je me mis à douter de ce que j'avais dit ce soir-là. Il s'écria : "Bien sûr que je les ai vendus, tu m'avais dit que tu étais d'accord pour m'aider !" Plus tard j'ai découvert qu'il avait acheté des actions... »

Dans cet environnement, que l'AVC veille à contrôler, qui va dépendre pour l'essentiel de son bon vouloir (sorties, téléphone, voiture, fouille des affaires personnelles, mainmise financière...), il lui sera plus facile de mettre en œuvre l'autre partie de sa personnalité et de libérer sans aucune contrainte des explosions verbales brutales, grossières, des passages à l'acte physiques, du chantage sur les enfants, des violences sexuelles, économiques, morales... C'est ainsi que la maison, le foyer qui sont censés être des endroits protégés, sécurisants, deviennent des lieux de torture dont la seule approche au retour du travail, ou à la perspective d'un week-end prolongé déclenche angoisse et désarrois, troubles et somatisations diverses, quand le système dure depuis des années.

– 5 –
Une collaboration aveugle, sincère et active de l'entourage et parfois de la VVC

Cette collaboration est souvent organisée indirectement par l'AVC qui, nous l'avons vu plus haut, a éloigné, repoussé hors du champ de l'intimité ceux qui pourraient accueillir des plaintes ou entendre le vécu de la VVC. L'AVC arrive même à se concilier les bonnes grâces de la famille de la VVC et des proches. Il s'est arrangé pour, d'une part, donner une image positive de lui-même et d'autre part, pour disqualifier sa partenaire sur un mode paternaliste, humoristique ou ironique. L'ironie est particulièrement propice pour coincer l'autre dans l'ambiguïté du double sens des mots.

Il peut faire l'étalage de préoccupations légitimes, pour expliquer l'attitude fermée ou bloquée de sa partenaire, qui paraissent sincères tant elles ont l'air plausibles. Il fait souvent des commentaires avec une compréhension factice mais convaincante pour l'entourage, sur sa partenaire présentée comme incontrôlable, dépressive, cyclothymique :

« *Elle ne sait pas ce qu'elle veut, heureusement que je suis là, elle exagère toujours, elle fait un plat de n'importe quel incident...* »

Il la présente comme infantile ou même hystéroïde :

« *Elle prend la mouche pour un rien, elle croit toujours qu'on lui veut du mal... elle ne comprend pas que c'est pour son bien, si les gens savaient tout ce que je fais pour elle, il n'y pas beaucoup de maris qui sont toujours là, qui rentrent tout de suite de leur travail, qui ne s'éparpillent pas à l'extérieur… »*

Avec une pseudo-compréhension équivalente, l'entourage direct, proche, minimise, invoque des raisons, des causes susceptibles d'expliquer le comportement de l'AVC et même de l'excuser :

« Il faut le comprendre, de toute façon, il t'aime. Regarde comme il tient à toi, tu n'en trouveras pas beaucoup qui rentrent tous les soirs à l'heure, qui ne sortent pas… Tu as tort de te plaindre, il y en a beaucoup qui seraient contentes de l'avoir pour mari. On dirait que tu veux lui chercher des défauts… »

Quand l'entourage a été soit éloigné, soit neutralisé, endormi, manipulé, repoussé hors du champ de l'intimité où s'exerceront pleinement les violences et le terrorisme relationnel qui sont caractéristiques de ce type de relation, la VVC se sent isolée, incomprise, doutant de ses propres ressentis, renvoyée à une solitude qu'elle amplifie par ses dénégations ou par des explications masquant sa honte :

« Je ne peux avouer que je suis maltraitée par l'homme qui m'aime autant… »

Elle dira en souriant :

« Je suis tombée, heureusement que je suis solide… »

« Je n'arrête pas de me cogner, je ne peux rien toucher sans déclencher une catastrophe… »

« Mon mari a raison quand il dit que je suis maladroite, je ne sais pas où j'ai la tête ? »

La VVC se sent isolée, incomprise, doutant de ses propres ressentis, renvoyée à une solitude qu'elle amplifie…

Ce n'est pas tant le désir de défendre son partenaire aux yeux de l'entourage, que l'expression de la mésestime qu'elle a d'elle-même, dont la source empoisonnée remonte à l'illusion négative de sa propre image. Le mécanisme que nous appelons « illusion négative » est celui qui remplace chez d'autres la nécessaire illusion de la toute-puissance infantile qui, dans ses côtés bénéfiques, laisse croire que l'univers est attentif, bienveillant et soucieux à notre égard.

L'illusion négative, « que l'on n'est pas bon, qu'on ne mérite pas d'être heureuse, que c'est notre lot, que tout cela au fond est normal quand on a eu l'enfance qu'on a eue... » correspond à des doutes profonds, à de la non-confiance, au sentiment d'être sinon la cause du moins d'être responsable de tout ce qui va de travers. Dans le discours de certaines, cela remonte souvent aux circonstances de la conception, de la naissance :

« Si je n'avais pas été conçue, papa n'aurait pas été obligé d'épouser maman et aujourd'hui ils n'en seraient pas là à se taper dessus, à se disputer sans arrêt... »

ou bien :

« Si je n'étais pas né, maman aurait pu refaire sa vie et être plus heureuse... »

et bien d'autres variantes autour de ce thème, pour démontrer que :

« Je suis bien à l'origine du malaise de l'autre... sinon il ne se comporterait pas comme il le fait avec moi, et d'ailleurs avec les autres, il est très gentil, et la preuve c'est que tout le monde me dit que j'ai de la chance de l'avoir. Même mes copines en ont assez de m'entendre me plaindre... »

Quand tous ces ingrédients sont réunis, le système est bien installé, il paraît parfois inébranlable avec, comme seule issue, la fuite (mais elle paraît à beaucoup comme trop dangereuse tellement elles redoutent la brutalité et la violence du partenaire). Quelquefois il y a des rêves éveillés salvateurs (tel le syndrome de l'Oncle d'Amérique, décrit par Henri Laborit), en imaginant le surgissement d'un événement, l'apparition d'un ange gardien qui va mettre de l'ordre dans tout cela. D'autrefois, ce seront des fantasmes, tournés vers l'autre ou vers soi-même, quand on imagine sa propre disparition ou celle de son partenaire dans un accident, une maladie…

Quand circulent des rêves de violences sur l'autre, où l'on souhaite sa mort, sa disparition, s'ajoutent aussi de la culpabilité et des régressions infantiles. On s'en veut d'avoir pu penser (panser) cela ! Et puis le plus souvent, il y a l'attente d'un miracle, le surgissement d'une prise de conscience, d'un élément qui va faire prendre conscience, changer l'autre, interrompre le cauchemar vécu au quotidien et arrêter le processus. C'est cette attente désespérée qui collabore le plus à l'entretien du système.

☞ Comment inciter quelqu'un à « sauter » quand il est persuadé que ne pas bouger ou courber le dos est la seule chose à faire. Comment convaincre quelqu'un de sortir de l'attente vaine alimentée par l'espoir que l'autre va changer, comprendre et retrouver un comportement plus normal, que la passivité est moins risquée que d'envisager de se respecter en se positionnant, en s'affirmant !

C'est un problème quasiment insoluble, car on touche là aux croyances inscrites très tôt dans une vie. Une croyance ne peut être remplacée que, d'une part, par la personne qui la vit et, d'autre part, par une autre croyance. Nous sommes dans une dimension qui ne relève pas de la communication interpersonnelle mais uniquement de la communication intrapersonnelle.

Quelques aides possibles pour la victime de violences conjugales (VVC)

Oser mettre un tiers suffisamment représentatif de la loi entre l'AVC et la VVC. Ce tiers représentera la référence et l'ancrage au réel.

❑ **Obtenir un certificat médical.**

❑ **Déposer une plainte.**

❑ **Se faire prendre en charge par SOS femmes battues.**

❑ **S'appuyer sur un groupe local de femmes,** un mouvement proche existant, susceptible de vous accueillir en cas de crise aiguë, de vous soutenir pour ne pas affronter seule une situation qui se révèle sans issue.

❑ **Accepter de se faire accueillir par des proches.**

❑ **Consulter un avocat.**

❑ **Renoncer à la relation** et trouver un point de chute protégé.

Mais pour entreprendre l'une ou l'autre de ces démarches et les respecter encore faut-il sortir de quelques pièges et illusions comme, par exemple :

❑ **Renoncer à la croyance que cela s'arrangera tout seul,** que l'amour suffira ou qu'une prise de conscience chez l'autre résoudra tous les problèmes.

❑ **Que l'auto-violence** (celle que nous produisons envers nous-mêmes) **ne fait qu'alimenter l'hétéro-violence** (celle de l'autre).

❑ **Ne pas entrer dans le chantage aux enfants.**

« Si tu pars tu ne reverras plus jamais les enfants, si tu quittes cette maison, je les tue... »

Ou encore dans son propre auto-chantage ou répression imaginaire :

« Je ne peux quand même pas faire cela aux enfants, porter plainte contre leur père... »

Il ne s'agit pas de porter plainte contre le père, mais contre son propre mari ou partenaire conjugal.

❑ **Peut-être entreprendre un travail sur soi,** une démarche thérapeutique qui permet de libérer des énergies, afin de pouvoir prendre une décision plus adaptée à ses choix de vie.

Quelques démarches possibles pour l'auteur de violences conjugales (AVC)

❏ **Se rappeler ce que disait ma grand-mère :**

« La prise de conscience est certes importante, mais elle n'est pas suffisante. Ce matin, j'ai pris conscience, nous disait-elle, que le pneu arrière de mon vélo était crevé, c'est curieux, cela ne l'a pas regonflé ! »

Au-delà donc des prises de conscience, se mobiliser pour commencer un changement significatif dans ses conduites et comportements.

❏ **Accepter de s'interroger sur l'origine de ses comportements et conduites**, c'est-à-dire de ne pas rester fixer sur l'ici et maintenant de ce qui s'est passé, mais faire un retour sur soi, sur son histoire et son enfance.

❏ **Sortir d'un piège fréquent dans les relations humaines :**

✓ L'accusation d'autrui :

« C'est ta faute, si tu n'étais pas comme cela, si tu étais un peu plus ceci, cela, et d'ailleurs tu ne m'écoutes jamais, tu dois savoir que quand tu m'énerves je ne peux plus me contrôler... »

✓ L'auto-accusation ou dévalorisation :

« Oui, je sais, moi je n'ai pas fait d'études comme toi, toi tu as de la veine d'avoir des parents qui t'aimaient, j'ai toujours été comme ça, on ne peut pas se changer, c'est dans mon caractère... »

Ceci afin de commencer à se responsabiliser : « Ce qui est le plus important n'est pas dans ce qui m'arrive, mais ce que j'en fais. »

❑ **Prendre le risque de consulter** et de se reconnaître comme ayant besoin d'une aide, d'un accompagnement. Il existe des groupes de paroles pour hommes violents.

En acceptant de participer à des groupes de paroles (semblables aux alcooliques anonymes), l'AVC peut ainsi sortir de l'enfermement, de la répétition dans laquelle il est trop souvent coincé.

❑ **Entreprendre une psychothérapie** individuelle ou de groupe et commencer ainsi un travail d'archéologie intime et familiale, pour entendre ce qui est réellement en jeu dans l'expression de sa violence sur une femme proche. Cela constitue parfois une véritable révolution qui débouche sur une réconciliation avec soi-même.

Quelques conseils (faussement humoristiques) ayant fait leur preuve à mettre d'urgence en pratique pour entretenir le cycle de la violence conjugale chez la VVC

❑ **Poser la question « Pourquoi ? »**, toujours après avoir vécu une violence :

« Mais pourquoi tu me frappes, pourquoi as-tu besoin de m'humilier, pourquoi as-tu besoin d'être grossier, pourquoi tu es comme ça avec moi ? »

Cette recherche du pourquoi vous mobilisera beaucoup, elle est sans fin et sans issue. Elle vous évitera surtout en vous centrant sur l'autre, de penser à faire quelque chose pour vous. Toutes les énergies que vous consommez dans cette recherche du pourquoi (« Oui, pourquoi fait-il cela ? »), vous ne l'aurez pas à votre disposition, pour commencer à faire quelque chose pour vous, sans vous préoccuper de l'explication qu'il donnera ou ne donnera pas pour expliciter son comportement.

❑ **Refuser énergiquement de porter plainte** lors de la première manifestation de violence physique. Se moquer ouvertement des menaces, surtout quand il s'agit de menace de mort que vous ressentez comme excessives et que vous allez disqualifier avec ironie.

❑ **Chercher un alibi**, une excuse, une justification au comportement de l'autre et acharnez-vous à l'excuser.

❑ **Accepter avec modestie et un peu de gêne les excuses,** les cadeaux et remercier pour les manifestations soudaines et inhabituelles de participation aux soins des enfants, à la tenue de la maison, à la préparation des repas, ajouter un zeste de culpabilité pour tempérer tout ce « bon » qui soudain vous tombe dessus et que vous ne méritez certainement pas…

Accepter avec modestie… les cadeaux

❑ **Minimiser, relativiser,** penser de toutes ses forces que cela est exceptionnel, que cela ne se renouvellera pas, qu'il s'agit d'un malentendu ou d'une erreur, que vraiment cet homme-là ne peut pas être celui que vous avez connu, aimé, respecté dans une autre période de votre vie. Persuadez-vous qu'il s'agit d'un état temporaire et que tout cela va s'améliorer, sans avoir besoin de l'aide de quiconque.

❑ **Mettre en cause la mère ou le père de l'AVC**, en insistant en leur présence et devant lui sur les carences, sur la façon dont ils ont élevé celui qui est devenu votre partenaire et qui se comporte ainsi avec vous… à cause d'eux !

❑ **Tenter d'expliquer à l'AVC** qu'il ne devrait pas se comporter comme cela, lui demander de vous respecter à l'avenir et, même, de promettre de ne plus recommencer et surtout d'être gentil… ce qu'il fera (vous promettre sans difficulté relève de ses possibilités !).

Si vous pouvez l'infantiliser encore un peu plus, cela stimulera son besoin d'affirmation…sur vous !

Tenter d'expliquer à l'AVC qu'il ne devrait pas se comporter comme cela…

Pardonner les excès...
par bonté d'âme !

❑ **Vous appuyer sur votre hauteur d'âme** et pardonner les excès et les brutalités comme étant le prix d'un bonheur à venir et qui ne saurait tarder ! Vous pouvez aussi invoquer des puissances tutélaires, quelques saints patrons de l'amour conjugal, aller caresser telle ou telle statue bénéfique à l'harmonie du couple ou encore faire quelques pèlerinages recommandés par des amis dont la croyance dans les bontés du ciel reste infinie.

❑ **S'accuser et s'excuser** (bien sûr) d'avoir été maladroite, impertinente, provocatrice ou trop directive. Si vous promettez en plus, de faire des efforts à l'avenir pour éviter de renouveler ces maladresses, cela n'en sera que mieux pour l'encourager à poursuivre.

❑ **Aller demander l'hospitalité d'une amie** et attendre (en évitant de s'endormir) qu'il s'excuse au téléphone, tard dans la nuit, en promettant de ne plus recommencer si vous revenez à l'instant. Ce que vous allez faire, sans trop hésiter pour faire la preuve que vous, au moins, vous êtes capable de pardonner, de faire un effort et qu'en conséquence, il pourrait lui aussi aller dans le même sens et, en reconnaissance, se comporter différemment avec vous.

❑ **Adopter la position de sauveur** et vous transformer en pseudo-thérapeute en acceptant de prendre sur vous la tâche immense de réparer la problématique de l'AVC. Vous donner la mission de faire mieux que toutes celles qui vous ont précédées avec la ferme intention de réussir là où tous les autres ont échoué.

❑ **S'en remettre à son karma,** entretenir l'idée d'une réparation inévitable d'actes ou de comportements commis dans une vie antérieure, dans laquelle vous auriez été une redoutable Messaline, un bourreau sans pitié ou une représentante de l'Inquisition particulièrement perverse et qu'il est donc juste aujourd'hui que vous ayez à réparer, à payer tout cela avec toutes les avanies que vous vivez...

❑ **Le sanctionner,** voire le punir, en refusant ses avances et demandes sexuelles, puis y céder pour montrer votre bonne volonté à une réconciliation possible.

Le punir en refusant ses avances…

Se réconcilier tout de suite après le conflit en ayant des relations SEXUELLES *PASSIONNÉES !*

❑ **Se réconcilier tout de suite après le conflit,** en ayant des relations sexuelles passionnées. Retrouver l'illusion d'une lune de miel, qui est une tentative régressive de revenir à la situation d'avant la crise, avec le désir de retourner au paradis perdu, de retrouver un partenaire parfait, gentil, fiable... tel que vous l'avez connu et apprécié, tout au début de votre relation.

Chacun de ces moyens ayant fait ses preuves, certains ont même reçu un label scientifique, vous pouvez choisir celui qui correspond le plus à votre sensibilité, à vos croyances ou à vos convictions. S'il se révèle insuffisant appuyez-vous sans hésiter sur un autre de ces moyens, en prenant, au hasard, dans cette liste non exhaustive, mais en sachant qu'ils sont tous d'une efficacité assurée pour vous maintenir envers et contre tous dans la situation de VVC.

Je sais, je sais que face à la situation, au vécu d'une VVC, il paraît déplacé, voire sadique, de faire de l'humour. Je souhaite qu'on entende au-delà des mots et des images le pouvoir que chacun de nous a pour redevenir co-auteur de sa vie. J'espère avoir mis dans mes propos suffisamment de tendresse pour inciter à les lire avec compassion.

Aucun conseil de type humoristique ne sera donné à l'AVC, car une allergie congénitale à l'humour caractérise souvent ces personnes. Par ailleurs, leurs ressources personnelles étant inépuisables, je ne souhaite pas les alimenter par des conseils qui pourraient être détournés à leur profit.
Il ne s'agit pas d'un rejet de ma part, je crois que j'ai dit l'essentiel les concernant, plus haut.

Quelques autres balises qui peuvent se révéler pertinentes, pour ne pas entretenir une relation de violence et prendre le risque de se respecter, y compris en laissant à l'autre le soin de faire lui-même quelque chose pour ses propres comportements

❑ **Prendre conscience qu'une relation à toujours deux bouts.** Notre responsabilité d'adulte est de nous respecter à notre propre bout en renonçant à prendre en charge le bout de l'autre. Même si nous avons été élevés par des parents ou un entourage qui prenaient sans cesse en charge notre propre bout (en parlant sur nous, en nous définissant, en pensant à notre place) à partir de leurs désirs, de leurs attentes ou de leurs peurs, il est possible de se différencier, de se positionner et de s'affirmer en se confrontant plutôt qu'en s'affrontant.

❑ **Se rappeler que toute relation intime s'organise autour de deux fidélités :** fidélité à l'autre et fidélité à soi. Que la fidélité à soi est au cœur même de la fidélité à l'autre et non l'inverse. Quand vous sentez que vous n'êtes plus fidèle à vous-même en voulant rester fidèle à l'autre, interrogez-vous sur la mission que vous vous êtes donnée. Et tentez de répondre à la question : « Mais à qui je ferais de la peine, si j'étais heureuse ? »

❑ **Veiller à ne pas laisser l'autre parler sur vous** et prendre (en réciprocité) l'engagement de ne pas parler sur l'autre, mais plutôt à l'autre (ce qui vous permettra de parler de vous).

❑ **Apprendre à ne pas confondre besoin et désir**, en se rappelant que le besoin est toujours prioritaire à long terme sur le désir, même si celui-ci paraît plus agréable et doué de plus de dynamisme pour rechercher sa satisfaction.

❑ **Ne pas oublier qu'une relation vivante, créative et en santé nécessite une harmonie entre quatre démarches :** pouvoir demander, donner, recevoir et refuser. Que toute hypertrophie ou hypotrophie de l'un ou l'autre de ces points altère, déséquilibre, maltraite ou blesse la relation.

❑ **Ne pas confondre la personne et le comportement.** Il vous appartient de pouvoir vous signifier sans ambiguïté vis-à-vis de ces deux points : « *Quand je t'ai épousé je n'ai pas décidé ni envisagé de vivre à trois: toi, ta violence et moi…* »

❑ **Ne pas entretenir de confusion entre sentiment et relation.** Il est possible d'aimer (ou de se sentir aimé) et de ne pas accepter la relation que l'autre nous propose. Ce n'est pas en ajoutant de l'amour à la relation qu'on l'améliore, mais en respectant certaines règles d'hygiène relationnelle qu'on maintient une relation vivante. La première de ces règles est d'apprendre à se respecter en n'acceptant pas de l'autre, ce qui n'est pas bon pour nous.

❑ Au-delà des sentiments et de votre propre besoin d'être aimé, **il vous appartient de respecter vos besoins relationnels.** C'est le plus souvent dans la vie de couple, dans la vie familiale, dans la vie relationnelle avec des proches que nos besoins demandent à être entendus et comblés. S'ils ne le sont pas dans ces trois domaines, nous sommes vulnérabilisés et en souffrance.

Les présenter ici permettra au moins de les reconnaître… en soi :

✓ besoin de se dire : avec mes mots à moi,
✓ d'être entendu : dans les registres qui sont prioritaires pour moi,
✓ d'être reconnu : tel que je suis,

✓ d'être valorisé : avoir le sentiment que ce que je dis, ce que je fais, a une valeur,
✓ d'exercer une influence sur mon environnement : de sentir que ce que je dis, ce que je fais a du poids et peut être pris en compte par l'autre,
✓ et besoin d'intimité : au-delà du territoire commun, j'ai besoin d'un territoire personnalisé, qui ne soit pas envahi par mes proches ainsi que d'un temps qui n'appartienne qu'à moi, sur lequel je n'ai pas de comptes à rendre…

❑ **Prendre le risque de se définir,** sinon c'est prendre un risque plus risqué… celui d'être défini par l'autre. Il le fera d'autant plus facilement que vous ne vous positionnez pas.

❑ **Une relation vivante** et en santé dans la durée, **est une relation dans laquelle il y a une alternance des positions d'influence** (je dois pouvoir sentir que je peux influencer les choix, les décisions qui concernent notre relation, que ce n'est pas toujours le même qui impose son point de vue, qui me soumet à ses attentes ou qui me dicte comment je dois être…)

❑ **Ne jamais oublier que derrière toute peur, il y a un désir.** Si vous vous sentez habité par des peurs, vous pouvez tenter d'entendre quels désirs elles cachent et vous appuyer dessus. Le désir est plus dynamique que la peur. Mais peut-être que vous aurez à prendre ainsi le risque de découvrir que votre désir vous fasse… encore plus peur !

Ne pas confondre la personne et le comportement !

Histoire de vie

À L'ÉPOQUE OÙ Marie parlait encore à sa meilleure amie, les mots qui revenaient le plus souvent dans son discours étaient :

« Je ne comprends pas ! »

« Je ne comprends pas, je ne comprends pas du tout comment il peut me dire qu'il m'aime et en même temps se montrer si dur avec moi, m'insulter, m'humilier, me frapper. Je ne comprends pas pourquoi il fait ça ! Au début de notre mariage, il n'était pas comme ça ! »

Ce besoin de comprendre, Marie l'avait eu dès le début de sa relation avec Pierre.

« Je ne comprends pas, disait-elle à l'époque, comment il peut s'intéresser à moi ! C'est un intellectuel, il a fait plein de choses avant de me rencontrer, il connaît un tas de gens importants, moi je suis une fille de la campagne, je n'ai pas

fait de longues études, je suis quelqu'un de simple, de pas compliqué. Quand quelque chose ne va pas, je le dis tout de suite. Lui, il garde tout, mais je vois tout de suite qu'il n'est pas d'accord ou pas content. Impossible de lui faire sortir quelque chose, et puis d'un seul coup il s'énerve, s'emporte, casse quelque chose et puis c'est sur moi qu'il crie et déverse sa colère et sa violence... »

Marie, durant des années, voulait toujours comprendre.

« Je ne comprends pas pourquoi il m'a proposé de sortir avec lui et puis très vite de m'épouser. Au début de notre relation, je ne croyais pas que ça durerait entre lui et moi, j'imaginais qu'il allait découvrir très vite que je n'étais pas une femme pour lui, que je ne représentais aucun intérêt, que je n'allais pas le valoriser par ma présence devant ses amis ou en public. Et d'ailleurs très rapidement, il a fait le vide autour de moi, et avec ses amis et avec les miens. Je sentais que cela lui déplaisait si j'invitais mes copines ou des couples amis. En deux, trois ans, on se retrouvait seuls tous les deux, comme attachés l'un à l'autre.

Moi qui étais autrefois très affirmée, volontariste, je me surprenais à lui demander la permission de sortir, d'aller voir mes parents, ma sœur... Je lui demandais de venir avec moi pour acheter une robe, tellement je craignais sa réaction quand j'achetais sans lui. Il me disqualifiait tout de suite : "tu as l'air d'une putain avec ta poitrine à l'air, si tu veux montrer tes fesses à tout le monde tu as bien choisi !"

Rapidement en quelques années, je me suis retrouvée infantilisée. Quoique je fasse, cela ne lui convenait pas, il trouvait à redire, à démolir surtout.

"Qu'est ce que tu lis encore, la psychologie c'est des conneries qui servent à embobiner les bonnes femmes comme toi, qui croient qu'on peut tout comprendre..."

"Mais qu'est ce que tu trouves d'intéressant à regarder ces inepties à la télé, c'est toujours la même chose, tu devrais plutôt apprendre à mieux repasser mes chemises. Ça au moins, ça te servira !"

Il énonçait sans état d'âme des énormités et je me sentais responsable de l'éclairer, de le faire changer d'avis, de bien vouloir considérer que tous ces livres n'étaient pas des conneries, que ces émissions apportaient un autre regard, que ses chemises étaient correctement repassées, mieux qu'au pressing...

Je savais dès le départ qu'il avait eu deux autres relations qui avaient mal tourné. Je ne lui ai jamais posé de questions là-dessus. C'est par la suite que j'ai découvert que deux femmes au moins avaient porté plainte contre lui, pour violence et blessures. Quand il a appris que je savais, il est entré dans une colère épouvantable : "Tu ne vas pas les soutenir, elles étaient contre moi, elles me trompaient, elles ne s'intéressaient qu'à mon argent. D'ailleurs, toi aussi certainement, mais tu n'auras rien de moi..." Je tombais des nues qu'il puisse imaginer que je m'intéressais à son argent et cela d'autant plus que je ne savais même pas qu'il avait un portefeuille d'actions et même des biens immobiliers. Il ne m'en avait jamais parlé.

Par contre, lui m'a posé, tout de suite, dès les premières rencontres, beaucoup de questions, sur ma vie antérieure. Moi, je croyais que c'était une marque de confiance à lui faire que de lui dire ce que j'avais vécu avant lui. J'ai bien vu qu'il écoutait gravement, quand je décrivais avec humour mon passé de jeune fille gaie, qui sortait beaucoup, dansait, toujours entourée d'un groupe d'amis très vivants.

Ce que je disais et la façon dont il le recevait auraient dû m'alerter, cela ne le faisait jamais rire.

J'ai mis longtemps à remarquer qu'il retenait tous les prénoms concernant mes relations passées et surtout plein de détails qui ne semblaient pas importants et que j'avais donnés sans plus d'intention. Aujourd'hui, dix ans après il est capable de me ressortir des tranches entières de ma vie auxquelles il a donné tout un sens négatif, une coloration malsaine. Pour lui, je ne suis qu'une salope qui baisait avec n'importe qui, que ça d'ailleurs, il l'avait senti tout de suite, quand on avait fait l'amour pour la première fois. »

Là, Marie éclate en sanglot. Elle est blessée qu'au souvenir de son premier abandon, son mari associe une image négative d'elle, alors qu'elle a le sentiment d'avoir répondu à ses attentes à lui, de lui avoir fait un cadeau inouï en se donnant.

« Je m'étais jurée de ne pas faire l'amour avant le mariage et c'est avec lui que j'ai perdu ma virginité. Aujourd'hui il me jette à la figure qu'il a bien vu qu'il n'était pas le premier, il prétend qu'il n'aime pas faire l'amour avec moi, que ça le dégoûte, qu'il me prend juste pour se vider. C'est mieux que d'aller au bordel... » et « moins cher », ajoute Marie.

Quand il y a encore quelques années, l'amie de Marie insistait pour lui demander : « Mais qu'est ce qui t'oblige à rester avec lui ? »

Marie n'osait pas lui dire que c'est la peur. La peur du pire, qu'il se déchaîne, qu'il l'estropie, qu'il la tue ou la blesse ou encore enlève sa fille.

Marie vit ainsi depuis sept ans dans l'insécurité la plus complète, ne sachant jamais quelle va être l'attitude de son mari, dès qu'il met les pieds dans la maison.

Ce que ne dit pas Marie, ce sont :

- ✓ les viols conjugaux dont elle est l'objet (lui qui prétend qu'il n'aime pas faire l'amour avec elle) ;
- ✓ les humiliations : « Il m'a enfermée dans les toilettes durant tout un week-end ! » ;
- ✓ les sadisations diverses à base de privations, de mutilations affectives : « Il a brûlé devant moi mon carnet de téléphone avec toutes les adresses de mes amis, il déchire mes sous-vêtements, jette mes livres, fait bloquer mon compte bancaire, a jeté dans la cheminée toutes les photos de mon enfance... »

- ✓ les violences physiques qu'il lui impose, quand il décide de la frapper avec des serviettes mouillées (pour ne pas laisser de traces),
- ✓ de l'obliger à se mettre à genoux durant toute une nuit pour « lui apprendre à ne pas lui répondre, quand il a raison ! »

Ce que ne peut dire Marie, c'est le conflit qui l'habite entre son désir de partir, de renoncer à la relation, de s'enfuir au loin et la mission qu'elle s'est donnée de le changer, de faire la preuve qu'un jour, il va enfin comprendre.

Marie n'a plus d'amie à qui parler, plus de proches vers qui se dire. Elle s'est beaucoup investie dans son travail, elle est très appréciée par ses collègues et supérieurs :

« C'est le seul domaine où j'ai pu lui résister, mais je dois verser ma paye sur son compte ! »

Marie est enfermée pour l'instant dans ce piège :

« Puisque je ne peux comprendre pourquoi il est comme ça, je dois l'aider à comprendre qu'il doit changer, que ça ne peut pas continuer ainsi ! »

Marie a aujourd'hui 37 ans, elle est toujours avec Pierre. « Je tiens le coup dit-elle, pour ma fille » sans entendre ou « comprendre » que le modèle qu'elle donne à sa fille va se révéler un jour tout aussi porteur de violences et se répéter.

Marie vient d'entrer dans un groupe de femmes battues, animé par une animatrice qui enseigne la communication sans violence, tirée de la méthode ESPERE. Elle se reconnaît dans chacune des femmes qui parlent. À la façon dont elle s'indigne par rapport à ce que vivent les autres, il est possible qu'un jour proche elle puisse faire un pas dans sa propre direction… et commencer à se respecter.

AZ

La violence de l'impuissance

Il s'agit ici d'une dynamique spécifique, d'une forme de violence qui mérite d'être analysée sur d'autres bases que celles décrites plus haut. Dans cette dynamique il y a deux violents, un violent réactionnel, apparent, visible, et un autre plus discret, plus redoutable qui s'arrange toujours pour se présenter comme la victime.

La violence du premier que j'appelle « la violence de l'impuissance » est une violence défensive, désespérée, une violence de survie.

Elle est très culpabilisante pour celui qui l'éprouve et l'exprime dans un passage à l'acte soudain, imprévisible. Elle est rarement répétitive.

« Je m'étais levé plusieurs fois cette nuit-là parce que notre bébé pleurait. Ma femme étant fatiguée, nous avions convenu que je serais vigilant. J'avais changé Kevin plusieurs fois, je l'avais bercé, câliné, mais quelques minutes

après, il recommençait à pleurer. Je l'ai pris, pour aller dans la cuisine préparer un peu de lait tiède. Il se calma un peu et j'étais assis, attendant qu'il s'endorme dans mes bras. Ma femme surgit brusquement et commença à crier : "Mais qu'est ce que tu fais là ?" Kevin se remit à pleurer. Ma femme commença à m'insulter : "Tu es vraiment un incapable, tu ne sais pas t'y prendre avec les enfants, c'est toujours pareil, tu es trop maladroit, j'aurais dû choisir un autre homme pour être le père de mon enfant..."

L'accusation m'a paru si injuste que je lui ai donné une gifle, non pas une paire de gifles comme elle l'a affirmé à ses amies par la suite, mais une seule gifle. Aussitôt d'ailleurs, j'ai voulu rattraper mon geste, m'excuser, mais c'était trop tard. Tout de suite, je me suis juré de ne plus jamais frapper une femme. Je me sentais si mal d'avoir fait ce geste, cela ne me correspondait pas. Je me rappelle qu'en allant remettre Kevin dans son lit, je me suis juré de ne plus jamais recommencer, de ne plus jamais frapper ma femme ni une autre.

Malheureusement, j'ai mis longtemps à comprendre, à saisir le système relationnel dans lequel je m'étais laissé enfermé depuis trois ans. Ma femme me mettait de plus en plus souvent en porte-à-faux. Elle me demandait quelque chose et quand je m'exécutais, elle disait : "Ce n'était pas important, je n'en ai plus besoin..." Elle me proposait un projet, une sortie, chaque fois qu'elle apprenait que j'avais un engagement. Elle insistait alors pour que je me désiste, que je renonce à cet engagement, puis, ensuite, annulait le projet que nous avions en commun, prétextant qu'elle avait réfléchi, qu'elle ne se sentait pas prête… Elle me mettait fréquemment dans une situation de déni. Quoique je fasse ce n'était pas cela qui aurait convenu, trop tôt, trop tard, pas assez, trop vite, trop lent…

Je sentais des colères terribles en moi. J'explosais pour ne pas étouffer en cassant des objets, en bousculant des meubles, en jetant tel un enfant des vêtements à terre… Cela lui permettait de me présenter à toutes ses connaissances comme un homme violent, imprévisible, dangereux.

Et puis, il y avait la question de l'argent. Elle dépensait bien au-delà de ce que je gagnais ainsi qu'une petite rente que lui versaient ses parents. Cela m'angoissait de voir dès le milieu du mois le compte vide et le début d'un endettement qui s'amplifiait chaque fois plus. J'avais le sentiment que je n'étais qu'un pourvoyeur de fonds, que dès le 20 du mois, je n'étais plus intéressant. Elle refusait systématiquement de faire l'amour, chaque fois que j'abordais la question de l'argent. C'est curieux son désir revenait dès que mon salaire suivant été versé.

Le plus terrible c'est que je ne me supportais plus. J'avais le sentiment d'être une lavette sans aucune ressource vis-à-vis de cette femme. Malgré la promesse que je m'étais faite, je me méfiais de ma violence, je rêvais de sa mort. Un dimanche matin, après une altercation, comme il s'en produisait souvent entre nous, comme des scénarios bien réglés, je sentis tellement de haine en moi que j'ai eu peur de ne plus pouvoir me contrôler. Je suis sorti, j'ai roulé comme un fou à 180 km à l'heure. Quand je suis revenu, je suis allé au garage où j'avais une barre à mine et je l'ai enterrée en cachette au fond du jardin, tellement je craignais de transformer cet outil en engin de mort ! »

Nous pouvons entendre au travers de ce récit, comment un mécanisme pervers s'est mis en place entre cet homme et cette femme.

D'un côté, **une violence visible**, réactionnelle, parfois puérile et, la plupart du temps, dérisoire et pathétique.

De l'autre côté, **une violence indirecte**, subtile, construite, organisée, indescriptible (quand celui qui la subit tente de la rapporter à un tiers). Une violence qui ne laisse pas de traces visibles, à base d'injonctions, de disqualifications, de dévalorisations, de culpabilisations, d'affirmations de mauvaise foi, de mises en causes non fondées, injustes. Une violence qui se structure autour d'un rapport de force, dans lequel celui qui aliène se présente comme la victime.

Une violence faite de manifestations verbales, qui se présentent comme évidentes, normales, mais construites essentiellement autour de doubles messages, dans lesquels il n'est pas possible de satisfaire l'un, sans déclencher une insatisfaction sur l'autre, d'attitudes, de comportements qui ne peuvent être nommés ou reconnus comme violents, car ils sont faits d'une foultitude de signes sur lesquels l'autre n'a aucune prise. Et de l'autre, une violence infantile qui s'exprime certes par des actes anachroniques et inadaptés, mais qui révèle surtout le désarroi, l'impuissance, la tentation de la folie face à des messages paradoxaux et contradictoires.

« *Tu ne te préoccupes jamais de ce que je vis ou je ressens* (accusation), *alors que je sais que tu sais très bien le faire* (valorisation). *Mais je ne supporte pas quand tu prétends t'intéresser à moi* (disqualification)... »

« *Tu n'es jamais là quand j'ai besoin de toi, ce qui fait que je ne te demande jamais rien – cela me permet de te reprocher de ne jamais entendre les demandes que je ne te fais pas !* »

« *Quand tu me demandes si tu peux m'aider, je sens que tu fais cela par devoir, cela ne m'intéresse pas. Cela vient trop tard, d'ailleurs tu me déranges quand tu es toujours dans mes pieds !* »

La répétition journalière de ces comportements provoque chez celui qui en est l'objet, outre un sentiment profond d'impuissance, un mécanisme de déni qui le renvoie au néant, à l'inexistence. La violence qu'il exprime sur la personne (rarement) sur les objets (plus fréquemment) et qui le montre comme étant « le violent » est en fait une tentative désespérée pour tenter de survivre, d'exister, de se manifester comme étant encore doté d'un minimum de pouvoir. Pouvoir qui sera présenté par l'autre comme destructeur, bien sûr.

Il y a peu d'issue à cette dynamique, sinon s'éloigner, renoncer à la relation, quand cela est encore possible, si l'autre n'a pas tissé une trame de contraintes et d'engagements qui le lient au soi-disant « violent » pour de longues années d'enfer et de folie.

… S'ÉLOIGNER

Le mot de la fin...

CE QU'IL Y A DE FORMIDABLE dans les relations humaines c'est qu'on peut toujours les faire évoluer. Qu'il est souvent vain de vouloir changer autrui, mais que nous pouvons toujours changer notre relation à autrui, en particulier en privilégiant la relation à soi-même.

Il n'y a rien de plus merveilleux et soutenant qu'une relation intime avec quelqu'un de proche et de suffisamment fiable pour qu'il nous permette de nous abandonner en toute confiance, ce qui nous incite à lui offrir le meilleur de nous-mêmes et à rencontrer ainsi le meilleur de lui.

Du *même auteur*

Un choix parmi une œuvre très abondante :

Apprivoiser la tendresse, Genève, Éd. Jouvence, 1988.

Les mémoires de l'oubli (en collaboration avec Sylvie Galland), Genève, Éd. Jouvence, 1989.

Si je m'écoutais... je m'entendrais (en collaboration avec Sylvie Galland), Montréal, Éd. de l'Homme, 1990.

Pour ne plus vivre sur la planète taire, Paris, Albin Michel, 1997.

Le courage d'être soi, Paris, Pocket, 2001.

« Je mourrai avec mes blessures », Genève, Éd. Jouvence, 2002.

Découvrir la communication relationnelle dès l'enfance (en collaboration avec Kathleen Geerlandt), Genève, Éd. Jouvence, 2002.

Vivre avec les autres, Montréal, Éd. de l'Homme, 2002.

Une vie à se dire, Paris, Pocket, 2003.

Je croyais qu'il suffisait de t'aimer, Paris, Albin Michel, 2003.

Vivre avec les miens, Montréal, Éd. de l'Homme, 2003.

Mes impressions…

Mes impressions…

Mes impressions…

Mes impressions…

Du même auteur :

• Apprivoiser la tendresse

L'amour crée la tendresse qui survit à l'amour

Ce classique aborde les multiples visages de la tendresse, les ennemis qui l'étouffent, mais aussi ses alliés. La tendresse s'apprend et s'affirme dans la relation amoureuse, elle touche également les parents, les enfants, les personnes en fin de vie et soi-même.

208 pages • 15 € / 25 FS

« Je mourrai avec mes blessures »

Entretiens avec Jef Gianadda

Sans fausse pudeur, Jacques Salomé partage ses expériences les plus intimes. Sans complaisance, il revient sur une vie longtemps douloureuse et nous dit les manques, les doutes, mais aussi les convictions qu'elle a inscrits au plus profond de lui. Ponctuant ses récits d'anecdotes, l'auteur se livre sous un jour nouveau. En toute transparence.

144 pages • 13,90 € / 24 FS

Découvrir la communication relationnelle dès l'enfance

En collaboration avec Kathleen Geerlandt

Découvrez les bases de la communication relationnelle à destination des enfants. Chaque texte renvoie à une « règle d'hygiène relationnelle » proposée dans la méthode E.S.P.E.R.E. de Jacques Salomé et nous invite à réfléchir sur nos relations avec autrui et nous-mêmes.

112 pages • 17 € / 29 FS

Demande de catalogue gratuit

Nom : .... Prénom : ....

Adresse : ....

....

Code postal : .... Ville : ....

❑ Je désire recevoir votre catalogue gratuit.

❑ Je désire être informé de vos publications.

À recopier ou à découper, puis à envoyer à l'une des deux adresses ci-dessous : **Éditions Jouvence**

Suisse : CP 184, CH-1233 Genève-Bernex

France : BP 7, F-74161 Saint Julien-en-Genevois Cedex

Achevé d'imprimer par Corlet, Imprimeur, S.A. - 14110 Condé-sur-Noireau
N° d'Imprimeur : 74237 - Dépôt légal : novembre 2003 - *Imprimé en France*